Nourriture vivante pour vos poissons

ALINA DARIA

Copyright © 2022 Alina Daria

Tous droits réservés.

ISBN : 9798370396410

Table des matières

Introduction 7
Les différents types de régimes alimentaires 11
Avantages de l'alimentation vivante 18
Nourriture sauvage - Oui ou non ? 25
Artemia salina 29
Aphides 34
Collembola 46
Enchytraeus 55
California Blackworms 60
Infusoires 69
Hyalella azteca 77
Larves de moustiques 82
La planorbe des étangs 89
Tubifex 95
Daphnies 100
Avis juridique 108
Espace pour les notes 109

Introduction

Retour aux sources ! Ces dernières années, il est heureusement redevenu "cool" de fournir aux animaux de compagnie une alimentation aussi naturelle et adaptée que possible à leur espèce.

En raison de l'industrialisation et du développement d'aliments pour animaux de compagnie de plus en plus industriels, le sentiment d'une alimentation adaptée à l'espèce et les bénéfices pour la santé qui y sont associés se sont malheureusement perdus pendant un certain temps.

Les aliments produits industriellement ont leur raison d'être dans de nombreux endroits et facilitent souvent l'alimentation. Il est également important de mentionner que tous les aliments produits industriellement ne sont pas mauvais ou malsains - cependant, de nos jours, il faut prêter davantage attention aux moyens de production utilisés pour la production, car dans de nombreux cas, des charges malsaines sont mélangées à l'alimentation animale afin de produire à moindre coût.

Par exemple, les sous-produits végétaux et animaux, que l'on trouve si souvent dans les ingrédients, ne sont qu'un terme plus joli pour désigner les "déchets" produits lors de la fabrication d'autres produits et qui doivent encore être utilisés de manière rentable.

Peu d'entreprises se préoccupent du bien-être des animaux - même s'il existe bien sûr des exceptions.

Les petites entreprises, en particulier, se concentrent souvent sur la production d'aliments adaptés à l'espèce. Il convient d'accorder une attention particulière à la manière dont l'espèce animale en question se nourrit dans la nature, à la proportion d'aliments d'origine animale et végétale qu'elle consomme, le cas échéant, et aux aliments que l'on peut trouver dans le pays d'origine des animaux.

Collembola Collembole by cp17 Cyril

Les différents types de régimes alimentaires

Les animaux peuvent être divisés en trois grandes catégories. Ce sont :

- Les carnivores : Ce sont des mangeurs de viande.

- Les herbivores : Ce sont des mangeurs de plantes.

- Les omnivores : Ce sont des "mangeurs de tout".

Au sein de ces trois catégories principales, il peut y avoir d'autres spécialisations. Par exemple, certains animaux (comme les lapins) se nourrissent principalement de feuilles et sont donc appelés "mangeurs de feuilles", qui sont bien sûr des herbivores.

Par ailleurs, il existe des animaux dont l'alimentation est basée sur la consommation d'insectes et qui sont pour cette raison appelés insectivores (" mangeurs d'insectes ") ; ils appartiennent naturellement aux carnivores.

Les poissons peuvent également être répartis dans ces catégories, car il existe également des carnivores, des herbivores et des omnivores parmi les poissons. Plus précisément, les poissons sont divisés en "prédateurs" et "poissons pacifiques".

Puisque nous traitons d'aliments vivants dans ce livre, nous nous concentrerons naturellement sur les poissons prédateurs, puisque les poissons paisibles ne se nourrissent naturellement pas de protéines animales.

Dans la nature, les prédateurs sont souvent occupés à chercher de la nourriture toute la journée.

On distingue les chasseurs actifs, qui poursuivent leurs proies, et les chasseurs en embuscade, qui se tiennent patiemment à l'affût et attendent qu'une proie passe à proximité - pour ensuite lui sauter dessus.

Dans l'aquarium domestique, ces circonstances ne sont évidemment pas données, c'est pourquoi on essaie de simuler au mieux les conditions de vie naturelles. Cela inclut de proposer de la nourriture vivante, bien que cela ne soit pas essentiel pour des poissons en bonne santé. Des aliments frais, morts et/ou séchés peuvent également contribuer à une alimentation saine, mais la nourriture vivante est la plus adaptée à l'espèce, car elle satisfait également l'instinct de chasse naturel.

Mais où se situe la limite ? Eh bien, si un carnivore se nourrit de plantes dans une proportion d'au moins 5 % de son alimentation, il est généralement qualifié d'omnivore. Les "vrais" carnivores ne se nourrissent en fait que d'aliments d'origine animale, tandis que les vrais herbivores ne se nourrissent que de plantes.

Bien sûr, il arrive parfois que, par exemple, un poisson herbivore avale une larve ou un petit insecte. Il s'agit cependant d'ingestions accidentelles et non délibérées. De même, il est bien sûr possible pour un poisson prédateur d'avaler accidentellement des parties de plantes ou de les manger par erreur.

Cela ne fait évidemment pas de lui un omnivore ou un herbivore. Les carnivores ne peuvent pas bien digérer les aliments végétaux et en extraire les ingrédients, car leur système digestif est très différent de celui des herbivores. Il est donc important que chaque animal soit nourri selon sa nature.

Les carnivores connus dans les aquariums domestiques sont, par exemple, les suivants :

- Le poisson Betta (Le Combattant)

- Les perches ou "vraies perches" (Percidae)

- Certains cichlidés (pas tous !)

Certains de ces poissons ne sont pas de purs carnivores, mais des omnivores avec une grande quantité de viande dans leur alimentation.

Les arowanas et diverses espèces de saumons, par exemple, font également partie des poissons carnivores très connus, mais ils sont généralement beaucoup trop gros pour l'aquariophile "normal".

Les poissons carnivores se nourrissent d'autres poissons plus petits, d'insectes, de mollusques à coquille, de vers, de larves et de protéines animales similaires, en fonction de leur taille, de leur habitat et de leur disponibilité. S'il n'est pas (ou pas toujours) possible de les nourrir avec des aliments vivants, de nombreux aquariophiles aiment se tourner vers les aliments congelés. La nourriture congelée est généralement plus nutritive que la nourriture sèche, car elle retient davantage de nutriments.

Exemple : Le Combattant (betta) est un pur carnivore.
Par Iva Balk.

Avantages de l'alimentation vivante

L'alimentation des poissons doit être variée, et vous ne devez pas vous limiter à deux ou trois aliments différents, sinon des carences nutritives massives peuvent parfois menacer !

La meilleure nourriture pour les poissons, la plus naturelle et la plus adaptée à l'espèce, est la nourriture fraîche, car les poissons se nourrissent également de nourriture fraîche dans la nature. Cependant, une alimentation purement fraîche n'est pas possible pour toutes les personnes qui aiment s'occuper de poissons. Les aliments congelés constituent une alternative acceptable. Elle peut, bien sûr, être proposée en complément de la nourriture fraîche.

Les aliments congelés doivent être aussi naturels que possible. En règle générale, les nutriments importants qu'ils contiennent sont bien préservés puisqu'ils sont naturellement congelés et ne sont décongelés que si nécessaire. Les aliments congelés sont généralement proposés spécialement pour les poissons, puis également pour les amphibiens.

Certains aliments congelés sont proposés en portions prêtes à l'emploi, d'autres en "gros blocs". Les deux variantes conviennent, car même les blocs les plus grands peuvent être bien portionnés à l'aide d'un couteau bien aiguisé.

Cependant, il est important de ne décongeler que la quantité de nourriture nécessaire à l'alimentation. Il ne faut pas décongeler plus d'aliments que nécessaire - et encore moins les recongeler une fois qu'ils ont commencé à décongeler.

Le processus de pourrissement des aliments congelés commence dès le début de la décongélation. Il est donc important de nourrir rapidement les aliments congelés et de ne pas les laisser reposer longtemps. En outre, il faut bien les rincer avant de les donner, car ils contiennent parfois des excréments ou d'autres éléments similaires qui ne doivent pas se retrouver dans l'aquarium. Un tamis fin est particulièrement adapté à cet effet ! Les restes de nourriture peuvent et doivent être retirés à l'aide d'une pince à nourriture.

La nourriture fraîche est le meilleur choix pour nourrir les poissons, car ils s'en nourrissent naturellement dans la nature. Les aliments congelés peuvent remplacer partiellement les aliments frais ou du moins les compléter. Les granulés ou les aliments secs industriels ne sont généralement pas nécessaires, car ces aliments ne correspondent pas au régime naturel des poissons.

Cependant, il existe des cas où les granulés doivent être utilisés ou peuvent être proposés en complément.

Si vous souhaitez nourrir vos animaux avec des granulés, vous devez prêter une attention particulière à la composition des ingrédients. Les différences qualitatives entre les différents produits sont parfois importantes. Il existe sur le marché des granulés qui ne contiennent que 20 à 30 % d'ingrédients d'origine animale.

Les granulés ne doivent pas non plus contenir d'additifs nocifs pour la santé. Par exemple, de nombreux aliments industriels pour animaux sont enrichis de "sous-produits végétaux" pour limiter les coûts. Il s'agit d'un terme plus agréable pour désigner les "déchets". Les sous-produits végétaux sont générés lors de la production d'autres produits. Pour éviter qu'ils ne soient gaspillés, ils sont ajoutés à l'alimentation animale, par exemple. C'est aussi souvent le cas pour l'alimentation des rongeurs.

Néanmoins, il convient de mentionner que les granulés entièrement dépourvus d'ingrédients végétaux ne sont pas proposés à l'heure actuelle. Une petite partie des ingrédients végétaux est nécessaire pour maintenir les différents composants des granulés ensemble, car ils agissent comme une "colle".

Ces ingrédients sont de petites particules individuelles qui se dissolvent lentement dans l'eau si les poissons ne mangent pas les granulés. Si des granulés sont proposés, ils doivent donc être mangés rapidement par les animaux, sinon on peut craindre une contamination extrême de l'eau de l'aquarium. Ainsi, si les granulés individuels ne sont pas mangés, ils doivent être retirés de l'aquarium dans l'heure qui suit.

Les granulés ne doivent jamais être la seule nourriture des poissons, car cela serait tout simplement trop unilatéral et malsain. Si les granulés sont utilisés, ils ne doivent pas représenter plus d'un cinquième ou d'un quart de la nourriture totale. Sinon, les animaux risquent de souffrir d'une carence en nutriments.

Pour ces raisons, la nourriture vivante est la plus adaptée à l'espèce, la plus fraîche et la plus saine pour les poissons carnivores, qui peut être complétée selon les besoins.

Exemple : Les discus sont omnivores, ils se nourrissent donc aussi, mais pas exclusivement, de protéines animales. Par Michael Frankenstein.

Nourriture sauvage - Oui ou non ?

Certains aquariophiles cherchent de la nourriture pour leurs animaux dans la nature. Il s'agit principalement de vers, de larves de moustiques et de créatures similaires.

La question de savoir si cela est recommandable est très controversée. Personnellement, je ne le recommande pas. D'une part, de nombreux animaux alimentaires très répandus, qui peuvent être élevés rapidement et simplement, sont proposés pour des sommes parfois très faibles. D'autre part, il existe aujourd'hui de nombreux sites Internet sur lesquels vous pouvez commander la nourriture à votre domicile s'il n'y a pas de magasin approprié à proximité.

Les aspects financiers sont négligeables, également parce que de nombreux animaux vivants destinés à l'alimentation peuvent être élevés assez facilement à la maison et qu'il n'y a aucun risque d'introduire des agents pathogènes.

En outre, les aliments collectés dans la nature n'offrent aucune valeur ajoutée par rapport aux aliments frais achetés ou cultivés à la maison. La nourriture sauvage n'est ni meilleure ni plus nutritive que la nourriture achetée ou cultivée à la maison, tant qu'elle est vivante ou fraîche.

Personnellement, je ne vois aucun avantage à ramasser des vers et autres animaux fourragers dans la nature. En revanche, je vois certains inconvénients et dangers.

Les aliments vivants peuvent introduire des parasites et autres agents pathogènes dans l'aquarium du poisson. Avec un animal carnivore (mangeur de viande) comme les poissons prédateurs, le danger est toujours plus élevé qu'avec un animal herbivore (mangeur de plantes) comme les cobayes, les lapins et autres, car les parasites utilisent souvent les vers et les insectes comme hôtes intermédiaires sur lesquels ils se nichent pendant un certain temps.

Si des aliments contenant des agents pathogènes sont introduits dans l'aquarium, ces agents pathogènes et parasites passeront assez rapidement aux poissons et les utiliseront comme hôtes.

Bien entendu, cela est également possible si l'aliment est acheté ou cultivé à la maison. En règle générale, un tel risque ne peut être exclu. Toutefois, le risque est plus élevé si l'aliment est collecté dans la nature.

D'autres toxines peuvent également être introduites accidentellement dans l'aquarium si l'alimentation est obtenue dans la nature. Cela dépend bien sûr des zones et des terrains sur lesquels elle est collectée. Les pesticides, les raticides et autres substances nocives constituent un risque réel qui peut être évité si la nourriture est achetée fraîche ou si vous l'élevez vous-même.

Artemia salina

Les Artemia salina sont de petits crustacés, c'est pourquoi on les appelle aussi crevettes de saumure. Elles vivent dans l'eau salée et sont très faciles à cultiver par soi-même, même pour les non professionnels, entre autres parce que leurs œufs peuvent rester secs pendant longtemps, et qu'il n'est pas nécessaire de les cultiver immédiatement. Les œufs peuvent même éclore alors qu'ils sont restés secs pendant un an !

Une fois cultivés, les œufs produisent de jeunes larves primaires appelées nauplii, qui constituent un aliment excellent et très populaire dans le monde entier. On trouve aussi très souvent des artémias dans les aliments industriels lyophilisés, mais la variété fraîche est bien sûr beaucoup plus savoureuse et plus nutritive pour les poissons.

Sur le marché, vous trouverez même des kits d'élevage d'artémias complets avec instructions, de sorte que le début de l'élevage est particulièrement facile. Ces kits se composent généralement d'un mélangeur ou d'un réservoir de mélange, d'une pompe à air, parfois même d'un chauffage, de sel sous forme de comprimés, d'un tuyau à air et des œufs d'artémias. Ils coûtent - selon le fabricant - environ 45 à 95 dollars. Après un à deux jours, les nauplii d'Artémia sont déjà "prêts". Cependant, ces kits ne sont bien sûr pas nécessaires - il est également très facile de tout faire soi-même !

Tout d'abord, vous avez bien sûr besoin des œufs d'Artémia. Lorsque vous les achetez, vous devez faire attention au taux de résultat, car il en dit long sur la qualité. Le taux de résultat doit être d'au moins 95%, mais il existe de nombreux fournisseurs qui peuvent même afficher un taux de résultat de 98%.

Nous avons déjà parlé du fait que les artémies vivent dans l'eau salée, il faut donc bien sûr leur fournir du sel. Comme récipient de mélange convient, par exemple, un bocal à conserves ou un récipient pour pommade de la pharmacie. On y ajoute trois cuillères à soupe de sel pour une cuillère à soupe d'œufs d'Artémia (soit un rapport de 3:1). Il est important d'utiliser du sel marin ou, le cas échéant, du sel de table sans iode.

Les œufs sont bien mélangés avec le sel dans le récipient, puis le tout est versé (à l'aide d'un entonnoir) dans une bouteille en plastique. On ajoute ensuite un litre d'eau. L'eau doit être tiède.

Ensuite, on branche une pompe à air avec un tuyau d'air pour que l'eau ne reste pas immobile. Les bulles d'air servent à maintenir l'eau en mouvement dans la bouteille ou le récipient, ce qui permet également aux œufs de bouger et de ne pas s'agglutiner. Si des amas d'œufs immobiles se forment, la reproduction ne réussira probablement pas. Cependant, le mouvement de l'eau ne doit pas être trop fort, afin de ne pas détruire les œufs et les nauplii qui en sont issus.

La bouteille est conservée dans un endroit chaud, car les Artemia ont besoin de chaleur, de lumière et d'un apport d'air.

Après environ 48 heures, presque tous les nauplii d'artémia ont éclos et peuvent être retirés du flacon. Pour ce faire, il faut débrancher la bouteille et la laisser reposer pendant quelques minutes afin que les coquilles d'œufs flottent à la surface de l'eau d'une part et que les nauplii d'Artémia coulent au fond d'autre part. Les œufs qui n'ont pas éclos en artémias couleront également au fond.

À environ un pouce au-dessus du fond de la bouteille, il doit y avoir une ouverture par laquelle les nauplii d'Artémia sont écumés. Il est ainsi plus facile de les séparer des coquilles d'œufs, désormais inutiles.

Les artémias fraîches doivent être rincées avant d'être nourries, notamment pour éliminer les nitrates. Pour ce faire, il est préférable d'utiliser un tamis très fin.

Les artémies doivent être orange foncé ou rouges, signe qu'elles sont en bonne santé.

Aphides

Les pucerons (terme scientifique : "Aphidoidea") appartiennent au groupe des poux des plantes. Ils deviennent une nourriture vivante de plus en plus populaire pour les animaux de terrarium, mais aussi pour les poissons. De nombreux aquariophiles ont commencé à élever leurs propres pucerons.

Il existe bien sûr différents types de pucerons, mais on peut dire que les pucerons du blé et les pucerons du pois sont parmi les plus populaires.

Tous les poissons n'aiment pas les pucerons et s'ils les aiment, ils n'aiment pas forcément toutes les espèces. Nous nous concentrons donc sur le puceron du pois, car il est bien accepté et jugé appétent par la grande majorité des poissons.

De plus, dans le commerce, les pucerons des feuilles de pois sont de plus en plus souvent proposés spécifiquement. Les poissons qui ont été observés comme étant très friands de pucerons sont les platies, les néons, les barbeaux, les guppies et les poissons labyrinthes.

Un mythe courant veut que les pucerons ne doivent pas être donnés aux poissons car ils sont très riches en sucre. Ce mythe est né du fait que le sucre contenu dans le dos des pucerons attire les fourmis, et que l'on a donc supposé qu'il dût être très élevé et malsain.

Ce n'est pas le cas ; le sucre n'est présent qu'en faible concentration, et les pucerons constituent donc une bonne nourriture vivante. En outre, les poissons carnivores ne peuvent de toute façon pas utiliser les hydrates de carbone tels que le sucre, ou pas du tout.

Puceron sur une fleur par Mabel Amber

Bien entendu, il ne faut pas nourrir les poissons uniquement avec des pucerons, car cela serait trop unilatéral. Mais cela s'applique à tous les aliments vivants - le régime alimentaire doit toujours être varié et se composer de différents types de nourriture.

Les pucerons du pois (scientifiquement "Acyrthosiphon pisum") sont une espèce répandue et commune qui atteint généralement une taille comprise entre deux et six millimètres (0,08 à 0,24 pouce). Dans la nature, les larves éclosent au printemps et vivent ensuite sur les bourgeons de la plante hôte respective. Entre sept et quinze générations peuvent être produites par an dans la nature.

Les pucerons se nourrissent en aspirant la sève des vaisseaux criblés des tiges, des bourgeons, des pétioles et des feuilles. Bien entendu, cette activité de succion peut causer des dommages, c'est pourquoi les pucerons sont généralement considérés comme des parasites et doivent être contrôlés. Il en résulte généralement des plantes jaunies, flétries et rabougries. Il est donc nécessaire de remplacer régulièrement les plantes lors de l'élevage des pucerons.

La reproduction est généralement assez simple, mais un haut degré de discipline est nécessaire pour assurer la continuité. Le puceron du pois auquel nous nous intéressons vit non seulement sur les plants de pois, mais aussi sur les plants de trèfle, de luzerne et de féverole. Cependant, pour la reproduction, on utilise en règle générale un jeune plant de pois.

Il faut cependant mentionner que le puceron du blé (scientifiquement : "Diuraphis noxia") est maintenant aussi très populaire pour la sélection. La raison principale en est que cette espèce reste plus petite et est donc parfois plus facile à manger pour les poissons particulièrement petits. Cependant, la méthode d'élevage dont nous allons parler ci-dessous peut également être appliquée à cette espèce de puceron. Au lieu d'une plante de pois, on utilise simplement du blé ou de l'orge dans ce cas.

De quoi avez-vous besoin pour élever les pucerons du pois ?

- des pucerons pour le démarrage

- des récipients en plastique bas (d'une hauteur maximale de cinq centimètres)

- une grande boîte en plastique pour le stockage ou un grand récipient similaire

- des pois secs ou des graines de pois

- de l'eau

- de la terre, éventuellement du papier absorbant

- un bas de nylon ou un filet anti-insectes très fin.

Fille de la plante du petit pois par M W Efraim

Les pois ou les graines de pois sont trempés toute la nuit dans un petit bol d'eau, mais le trempage ne doit pas durer plus de douze heures, sinon des moisissures pourraient se développer.

Les bols bas sont ensuite remplis de terre. La couche de terre doit avoir une hauteur d'environ un à deux centimètres (0,4 à 0,8 pouce) et doit être légèrement humide. Un arrosage supplémentaire n'est alors pas nécessaire. Le sol de culture classique ou le terreau convient parfaitement à cet usage. Certains cultivateurs amateurs recouvrent ensuite la couche de terre avec du papier absorbant, mais ce n'est pas absolument nécessaire.

Il est important que les plateaux soient plats et aient une hauteur maximale de cinq centimètres (deux pouces), afin de garantir une bonne ventilation.

Si les récipients contenant les héritiers sont trop hauts, il y a à nouveau un risque de développement de moisissures.

Ensuite, saupoudrez les pois trempés (ou éventuellement le blé ou l'orge pour les pucerons du blé) sur la couche de terre de manière qu'ils ne soient pas empilés, mais que toute la surface soit couverte. La terre ne doit plus être visible. Les plateaux sont ensuite couverts et rangés pendant quelques jours. Certains cultivateurs amateurs les placent dans un endroit ensoleillé pour accélérer la croissance par la lumière et la chaleur, mais ce n'est pas non plus obligatoire.

Après quelques jours, lorsque les semis ont atteint une hauteur de deux à trois centimètres (environ un pouce), il est temps d'ajouter les pucerons. Le couvercle est retiré et les pucerons sont insérés.

En les mettant en place, il faut veiller à ne pas mettre tous les pucerons dans un seul tas, mais à les répartir uniformément dans le récipient. On peut ajouter un peu d'eau de temps en temps, mais bien sûr, les pucerons ne doivent pas être noyés et il ne doit pas y avoir de moisissure causée par une trop grande accumulation d'eau.

Bien entendu, nous ne voulons pas que les pucerons rampent et se répandent dans nos maisons. C'est pourquoi les petits récipients sont placés ensemble dans une grande boîte en plastique afin que les pucerons ne puissent pas s'échapper. Au bout de cinq à six jours environ, les plantes dépassent les bords des bacs et pour éviter que les pucerons ne se répandent dans la maison, la grande boîte de stockage est recouverte d'un tissu perméable à l'air - bas de nylon ou filet anti-insectes très fin.

La reproduction des pucerons est très rapide, donc théoriquement vous pouvez prendre des pucerons tous les jours pour les utiliser pour nourrir les poissons. Le seul inconvénient de cette reproduction est qu'il faut régulièrement cultiver de nouvelles plantes hôtes, car elles finissent - comme nous l'avons mentionné au début - par dépérir.

Il faut également veiller à ce qu'il y ait toujours assez de plantes hôtes "fraîches" pour fournir de la nourriture aux pucerons, et qu'il ne fasse jamais trop sec, sinon la population risque de mourir. Il est recommandé de planter de nouvelles cultures de pois tous les quatre à sept jours environ.

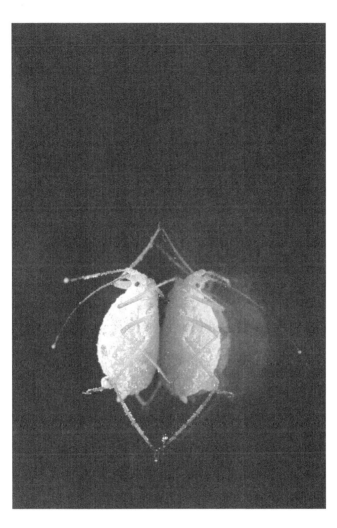

Poux des plantes par Claudia Wollesen

Collembola

Le nom scientifique des collemboles est "Collembola", et ils appartiennent aux hexapodes (scientifiquement : "Folsomia candida"). Au total, il existe plus de trois mille espèces !

Les collemboles sont une grande famille dont les membres sont essentiels à l'équilibre du sol. On les trouve partout dans les prairies et les forêts, mais aussi dans le compost, par exemple. Il existe également quelques espèces de collemboles qui vivent au sommet des arbres dans les régions tropicales, mais la majorité des collemboles vivent sur le sol - dans la terre, dans les crevasses des rochers, sur les troncs d'arbres, mais aussi dans les sous-sols de nos maisons.

Cependant, ils ne sont généralement pas très visibles, car ils ne mesurent qu'environ deux millimètres (0,08 pouce). Toutefois, selon l'espèce, leur taille peut varier entre un et cinq millimètres (0,04 et 0,12 pouce). Ils n'ont pas d'ailes, mais ils ont des antennes, un corps segmenté et des organes spéciaux qui leur permettent d'aspirer des nutriments liquides et de se déplacer sur des surfaces lisses.

Les collemboles vivent en grandes colonies. Dans des conditions de vie parfaites, dans un substrat riche en matières organiques, leurs colonies peuvent même compter jusqu'à dix millions d'animaux par mètre cube. C'est pourquoi la qualité d'un sol peut aussi être jugée, par exemple, par le nombre de Collembola qu'on y trouve. Cependant, ils vivent principalement dans des sols à forte teneur en humidité et en humus, et rarement dans des sols secs. Cependant, ils ne creusent généralement pas plus de trente centimètres (douze pouces) de profondeur.

Collembola Collembole by Christine Sponchia

Dans la nature, les collemboles se nourrissent de charognes et de matières végétales en décomposition. Par conséquent, à la maison, vous pouvez utiliser toutes sortes de déchets de cuisine pour les nourrir - par exemple, les épluchures de légumes ou de fruits.

Mais les flocons d'avoine, les champignons ou même les aliments secs pour chiens et chats conviennent également. L'alimentation est donc plus que simple, mais les restes de nourriture doivent être retirés environ tous les uns à deux jours, afin que rien ne moisisse. Il faut également veiller à ce que la "maison" du collembole soit toujours agréable et humide. Pour cela, un flacon pulvérisateur convient par exemple pour tout humidifier un peu.

L'élevage est généralement très simple et peu coûteux. Le récipient dans lequel les collemboles emménagent dans leur nouvelle maison n'a pas d'importance ; l'essentiel est que le récipient ne présente pas de gros trous. Cependant, le récipient doit pouvoir être fermé, par exemple de grandes boîtes en plastique avec couvercle ou de grandes boîtes Tupperware.

Le couvercle doit empêcher les collemboles de s'échapper, mais ils ont bien sûr besoin d'oxygène frais. Cependant, quelques minuscules trous d'aération suffisent pour l'apport d'oxygène. La température pour une bonne reproduction est d'environ 25°C (77°F), un peu plus que la température ambiante. Il est donc conseillé de conserver les récipients dans un endroit particulièrement chaud.

En outre, il est conseillé de ne pas créer un seul récipient, c'est-à-dire un seul élevage, mais plusieurs. L'expérience montre qu'il y a toujours une mort soudaine d'une colonie de reproduction. Cela n'est pas forcément dû à des conditions d'élevage incorrectes mais peut aussi être causé par une simple malchance.

De nos jours, il est très facile de commander la première série de collemboles sur Internet et de les élever ensuite de plus en plus. S'il y a néanmoins un dépérissement, on commande un nouveau lot ou on l'achète dans le commerce spécialisé. Mais à quoi ressemble idéalement la "maison" du Collembola ?

Eh bien, nous essayons toujours de rendre les conditions de vie aussi appropriées que possible à l'espèce - d'une part par respect pour les créatures vivantes, et d'autre part parce que la reproduction est naturellement d'autant plus réussie que les conditions de vie naturelles sont reproduites.

Un substrat de terre est rempli dans les récipients pour les collemboles. À mon avis, le substrat le plus approprié est un substrat naturel, que l'on peut également trouver dans la nature. Je recommande donc de la terre de jardin ou du terreau, mais l'humus de coco convient également très bien. Le substrat ne doit pas être tassé, mais disposé en couches très lâches !

Il est fortement recommandé de placer des objets plats et libres dans les conteneurs. Par exemple, les gros morceaux de bois ou les écorces de liège conviennent, mais aussi les morceaux plats de carrelage. Les pierres entrent également en ligne de compte, pour autant qu'elles soient bien plates et pas trop rondes. Mais quelle est la fonction de ces objets ?

Eh bien, d'une part, ils constituent des cachettes pour les petits animaux. Mais d'autre part, ils nous facilitent aussi la vie, car il y aura toujours de nombreux collemboles qui se fixeront aux objets. Il est donc beaucoup plus facile de les retirer des récipients au moment de nourrir les poissons, en sortant l'objet en question et en enlevant les collemboles.

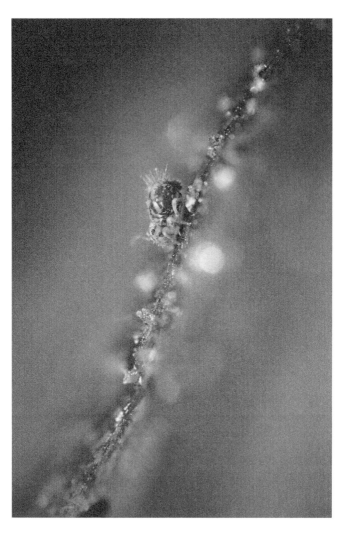

Collembola Collembole by cp17 Cyril

Enchytraeus

Les Enchytrae sont un aliment extrêmement populaire pour les poissons et autres animaux, car ils sont très riches en protéines, mais ils ont aussi une teneur en graisse relativement élevée, c'est pourquoi ils ne doivent être donnés qu'avec modération et ne constituent pas l'aliment principal. Les Enchytrae sous forme vivante ont une teneur en graisse d'environ 5-10%, sous forme de nourriture séchée d'environ 25-50%.

Cependant, il faut toujours veiller à fournir un bon mélange et une alimentation variée, même pour les poissons. On les appelle aussi "vers blancs", car ils sont blancs ou, mieux encore, assez transparents.

Les enchytrae sont des vers relativement petits, puisqu'ils ne mesurent qu'environ 50 millimètres de long (deux pouces) ; ils sont donc bien adaptés à l'alimentation des poissons de taille moyenne. La plupart des aquariophiles nourrissent les enchytrae environ deux à trois fois par semaine. Ils sont utilisés non seulement comme nourriture pour les poissons, mais aussi pour les amphibiens et les reptiles, par exemple.

Dans la nature, les Enchytrae vivent partout dans le monde, aussi bien dans la mer que sur terre. Semblables aux vers de terre, ils vivent dans le substrat et aident à décomposer les matières organiques mortes. On les trouve parfois dans les tas de compost. Dans le sol, ils vivent dans la couche supérieure et ne creusent pas en profondeur. Il faut environ cinq à sept semaines pour qu'un œuf se développe en un ver sexuellement mature.

La reproduction de l'enchytrae est très facile et populaire, car une culture de reproduction se conserve longtemps. Cependant, il est recommandé de faire l'élevage à l'extérieur, car il peut être assez malodorant, contrairement à d'autres élevages de loisir.

Les Enchytrae ont besoin d'un sol acide, la tourbe est donc versée dans un récipient. De la simple tourbe de jardin ou de jardin convient. Le sol est également recouvert de feuilles et il faut veiller à ce qu'il reste bien humide, mais pas complètement mouillé (pas de grandes accumulations d'eau).

Cependant, certains cultivateurs amateurs utilisent du terreau normal et ont du succès avec celui-ci, mais la tourbe est plus recommandée. Un mélange est également possible, par exemple 50% de tourbe blonde plus 50% de terreau non fertilisé.

Le lot de reproduction d'enchytraea est ensuite placé dans le récipient avec la tourbe et les feuilles. Comme nourriture pour les enchytraea, la plupart des éleveurs amateurs utilisent les aliments suivants :

- du pain trempé dans du lait
- levure ou levure de bière
- farine d'avoine

Les enchytraes se nourrissent de matières organiques mortes, de bactéries et de champignons, qui sont ainsi disponibles.

La température ambiante pour l'enchytraea doit être supérieure à 10 degrés Celsius (plus de 50 degrés Fahrenheit). La température idéale se situe entre 10 et 24 degrés Celsius, de préférence entre 16 et 18°C (environ 60-65°F).

Flocons d'avoine by Kati Aunt Tati

California Blackworms

Le nom scientifique des vers noirs de Californie (Blackworms) est Lumbriculus variegatus. En fait, ils ne sont pas noirs du tout, mais ils portent quand même ce nom. Les vers noirs adultes atteignent une longueur d'environ cinq à six centimètres. Si vous les regardez de près, vous pouvez voir de nombreuses "parties d'anneau" individuelles. Le ver est composé d'un total d'environ 150 à 250 parties du corps.

Il s'agit d'un ver d'eau douce vivant dans les sédiments. Les vers noirs sont endémiques à l'Amérique du Nord, bien qu'ils soient également présents en Europe, et ils vivent généralement à l'état sauvage dans les parties peu profondes des étangs ou des lacs d'eau douce. Ils ne sont pas particulièrement sensibles, étant capables de supporter de faibles niveaux d'oxygène et même d'atteindre des populations élevées dans des sédiments chargés d'éléments organiques.

Dans la nature, les vers noirs se nourrissent de matières organiques associées aux sédiments qu'ils consomment. La reproduction se fait rarement par voie sexuée, la reproduction par fragmentation (asexuée) est beaucoup plus courante. Ainsi, une partie du corps est sécrétée et à partir de celle-ci, un nouveau ver se développe.

Bien que dans la nature, les vers noirs se nourrissent de micro-organismes et de matières organiques, que l'on ne trouve que dans les étangs et les lacs, il est très facile de les élever, car ils peuvent être nourris avec de nombreux types de nourriture, que nous avons à notre disposition en permanence.

Par exemple, on peut utiliser comme nourriture …

- du feuillage (ébouillanter brièvement dans de l'eau bouillante)

- épinards, laitue et concombre (brièvement ébouillantés dans de l'eau bouillante)

- flocons d'avoine

- pâtes cuites

- spiruline sous forme de comprimés ou de poudre (à mélanger avec un peu d'eau pour former une sorte de bouillie)

- farine de soja

Poudre d'algues spirulines pour la bouillie de spiruline.

Par Anaïs CROUZET Nouchkac.

Les vers noirs se reproduisent très rapidement et sont extrêmement insensibles. Cela en fait des animaux fantastiques que vous pouvez élever vous-même. En outre, ils sont inodores, de sorte que l'élevage ne dégage aucune odeur désagréable.

Un autre atout du ver noir est son très bon contenu nutritionnel, car contrairement à d'autres vers, il contient très peu de graisse et beaucoup de protéines. Cela en fait un aliment idéal, car oui, les poissons et les amphibiens peuvent aussi prendre du poids et ce surpoids peut avoir un effet très négatif sur leur santé !

Si vous élevez vous-même les vers, vous ne courez pas non plus le risque qu'ils soient contaminés et que vous introduisiez, par exemple, des agents pathogènes comme des parasites de l'extérieur dans l'aquarium. Vous avez le contrôle et pouvez protéger l'aquarium des polluants tels que les métaux lourds et les germes.

Pour l'élevage, vous avez besoin d'un grand récipient, mais il n'est pas nécessaire qu'il réponde à des exigences particulières. Vous pouvez utiliser un seau, un pot de fleurs (sans trou), une boîte en plastique, un aquarium ou autre comme "maison des vers".

Il est particulièrement important de disposer dans le récipient d'un substrat adapté à l'espèce. C'est pourquoi la plupart des éleveurs de vers optent pour du sable ou du gravier conventionnel recouvert de beaucoup de feuillage. Vous pouvez également utiliser des éponges artificielles comme substrat, mais un substrat naturel est plus adapté à l'espèce.

Le réservoir est rempli d'eau et pour une bonne qualité d'eau, il est recommandé d'utiliser un filtre à éponge. Il faut cependant veiller à ce que les vers ne soient pas aspirés dans le filtre. Si nécessaire, l'ouverture doit être couverte.

Si aucun filtre n'est utilisé, l'eau doit être changée encore plus fréquemment. Mais même avec un filtre, un petit changement d'eau d'environ 50 % tous les trois ou quatre jours est recommandé.

La température de l'eau doit se situer entre 15°C et 25°C (59°F à 77°F) - il n'est donc généralement pas nécessaire d'utiliser un chauffage ou autre, car la température ambiante convient parfaitement à l'élevage des vers noirs.

Il est également conseillé de ne pas couvrir le réservoir ou le récipient dans lequel vivent les vers, afin que l'apport d'air soit toujours suffisant. Les vers ne sortiront pas en rampant.

Les vers noirs peuvent se reproduire de manière sexuée ou asexuée. La reproduction sexuée implique deux vers - deux parents, en quelque sorte - qui produisent ensemble un nouveau ver. Dans la reproduction asexuée, un nouveau ver est formé par fragmentation et il n'y a qu'un seul "parent". Cela se produit également, par exemple, chez les étoiles de mer et d'autres animaux. À partir de chaque ver, deux à trois nouveaux vers peuvent théoriquement être créés par leur division. Par conséquent, les vers noirs se multiplient d'environ 200 à 300 % par mois.

Si l'élevage des vers noirs est abandonné ou si une pause plus longue doit être prise, les vers peuvent encore être stockés pendant un certain temps.

Cependant, ils doivent être conservés à des températures très fraîches, de deux à huit degrés Celsius (35-46°F), et peuvent donc être stockés au réfrigérateur. De cette façon, ils survivront quelques semaines de plus, resteront frais et n'auront pas besoin d'être nourris immédiatement.

Infusoires

Les infusoires sont principalement utilisés pour l'élevage de jeunes poissons. Cependant, une présence excessive d'infusoires dans l'aquarium domestique est un signe de mauvaise qualité de l'eau, car les infusoires se nourrissent de bactéries ainsi que de matières organiques en suspension. Cela se produit, par exemple, lorsque des restes de nourriture ont été oubliés dans l'aquarium et ne sont pas retirés. Les aliments non consommés doivent être retirés une fois par jour à l'aide d'une pince pour garantir la bonne qualité de l'eau de l'aquarium.

Infusoria est le terme générique pour de nombreux petits organismes différents. Par exemple, les infusoires les plus courants et les plus appréciés sont les amibes, les ciliés et les flagellés.

Ces organismes sont très petits, et dans de nombreux cas, si petits qu'ils ne peuvent être vus qu'au microscope. Lorsque l'on cultive des infusoires, les principaux organismes produits sont les suivants :

- **Volvox (algues sphériques)**
- **Paramecia (Paramecium)**
- **Rotifères (Rotifera)**
- **Vorticellidae**
- **Euglena**
- **Amibes**

L'infusoire n'est pas trop important pour les aquariophiles qui n'hébergent que des poissons adultes, mais il l'est encore plus pour les aquariophiles qui veulent également élever ou reproduire des poissons juvéniles, car de nombreux poissons juvéniles ne vivent que d'infusoires pendant leur première vie.

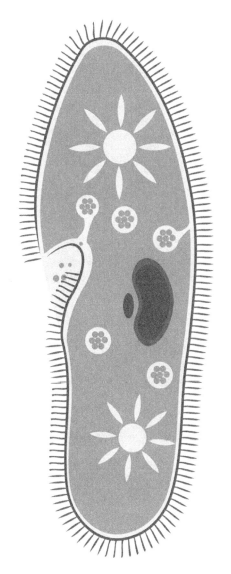

Paramecium by OpenClipart-Vectors

L'eau qui contient le moins d'infusoires est l'eau en bouteille purifiée achetée en magasin. Dans les eaux publiques comme les étangs et les lacs, c'est bien sûr l'inverse et c'est là que l'on trouve le plus d'infusoires. L'aquarium domestique est, pour ainsi dire, un intermédiaire - on y trouve toujours un certain nombre d'infusoires, et ce n'est pas une mauvaise chose. Mais ce n'est généralement pas suffisant pour élever de jeunes poissons.

Comme nous l'avons déjà dit, il y a énormément d'infusoires dans les eaux publiques comme les étangs, c'est pourquoi certains aquariophiles ont eu l'idée (concluante) d'utiliser l'eau d'un plan d'eau public. Mais ne le faites en aucun cas.

Dans la nature, il y a tellement de contaminants, d'agents pathogènes et d'autres substances dangereuses pour nos aquariophiles que cette eau ne doit pas être utilisée - même pas pour la culture des infusoires, car ils peuvent agir comme vecteurs de maladies et autres. D'autres micro-organismes peuvent également être introduits accidentellement, ce qui peut nuire aux jeunes poissons.

Une culture d'infusoires est très facile à réaliser soi-même et ne coûte presque rien. Elle est faite à partir d'un mélange d'eau et d'un produit alimentaire. Il existe aujourd'hui des produits vendus dans le commerce pour les cultures d'infusoires, mais ils ne sont pas nécessaires. Un aliment est placé dans l'eau et après un certain temps, les infusoires se développent sur cet aliment et dans l'eau - c'est aussi simple que cela.

Les aliments suivants sont particulièrement populaires :

- Feuilles de laitue
- Peau de banane

- Foin

- Pomme de terre (crue)

- Riz (cuit)

- Levure

- Chou frisé

- Epinards à feuilles

- Pois

Les aliments sont placés dans un récipient contenant environ un demi-litre d'eau. Après quelques jours déjà, on peut observer une légère turbidité et souvent, on peut déjà reconnaître les infusoires - comme des points qui bougent. Une loupe peut également être utilisée à cet effet !

Mais quelle eau utiliser pour l'infusion ? Eh bien, vous pouvez utiliser aussi bien de l'eau d'aquarium que de l'eau du robinet normale. Avant d'utiliser l'eau du robinet, il faut toutefois la faire bouillir.

Il existe même des aquariophiles qui ont utilisé l'eau d'un vase à fleurs, car elle contient déjà des infusoires. Si le mélange d'eau et d'aliments sélectionnés est également exposé à la lumière du soleil, le développement des infusoires est encore plus rapide.

Une fois que les infusoires se sont développés, vous pouvez simplement retirer un peu d'eau de la culture et l'utiliser pour nourrir les jeunes poissons. Cependant, il faut veiller à ce que seule l'eau soit retirée, et non les parties pourries de la nourriture utilisée.

Si l'eau devient trouble, cela signifie que des bactéries se développent. Cependant, l'eau n'est pas encore prête à être "nourrie", car les infusoires se développent en mangeant les bactéries, ce qui rend ensuite l'eau à nouveau plus claire.

Une eau trouble indique donc que les infusoires seront bientôt prêts à être nourris ; lorsqu'elle redevient un peu plus claire, les infusoires peuvent être nourris.

Hyalella azteca

Les amphipodes mexicains, dont le nom scientifique est Hyalella azteca, sont une nourriture extrêmement populaire pour les poissons, car ils sont très robustes et pas particulièrement sensibles, et parce que l'élevage est très facile - même pour les débutants.

Il s'agit d'un amphipode mexicain, un amphipode d'eau douce épibentique. Mais qu'est-ce que cela signifie ? Eh bien, ce sont des psylles qui vivent sur les sédiments. Ils colonisent notre planète depuis très longtemps, puisqu'ils existent depuis plus de onze millions d'années. C'est pourquoi la recherche s'y intéresse également de près.

Le nom suggère déjà l'origine de cet animal car il a son foyer en Amérique centrale, mais également en Amérique du Nord et en Amérique du Sud. L'animal atteint une taille d'environ sept à dix millimètres (0,28 à 0,39 pouces) et convient donc merveilleusement bien comme nourriture pour les petits poissons. Les mâles peuvent parfois atteindre une taille de quinze millimètres (0,6 pouce).

Les amphipodes mexicains sont extrêmement robustes, c'est pourquoi on peut les trouver dans toutes sortes d'eau - parfois même dans des flaques d'eau. Pour cette raison, l'élevage amateur se déroule généralement avec beaucoup de succès.

La condition préalable est que l'eau dans laquelle vivent les petites bêtes ait une dureté d'au moins 10°dH.

Si une femelle a été fécondée, les petits naissent après une dizaine de jours. L'élevage progresse rapidement, car la maturité sexuelle n'intervient qu'au bout d'un mois, bien que les animaux ne soient complètement développés qu'au bout de trois mois environ.

Le stock reproducteur peut être obtenu très facilement dans les magasins spécialisés ou même dans les magasins en ligne ; au début, il faut commencer avec quarante à cinquante amphipodes mexicains.

Tout ce qui est nécessaire pour l'élevage est un petit aquarium séparé, qui peut contenir entre 10 et 60 litres (2 à 13 gallons). Habituellement, un petit aquarium de 15 à 20 litres est tout à fait suffisant (environ 3 à 5 gallons).

La température de l'eau doit être comprise entre 20°C et 26°C (pas en dessous de 15°C) (entre 68°F et 79°F ; pas en dessous de 59°F) et pour un biotope naturel et sain, quelques plantes sont nécessaires - la mousse de Java (Taxiphyllum barbieri) ou des plantes robustes similaires comme Ceratophyllum demersum sont très appropriées. On peut également ajouter du feuillage dans l'aquarium.

On dit souvent qu'un substrat n'est pas nécessaire, mais comme les bonnes bactéries s'accumulent aussi dans le substrat, j'en utiliserais toujours un de toute façon. Une fine couche de sable convient parfaitement comme substrat.

Les amphipodes mexicains sont des charognards, ils peuvent donc être nourris avec toutes sortes de déchets de cuisine comme des petits morceaux de pommes de terre, de carottes, de bananes, de concombres, mais aussi avec de la nourriture en flocons, des algues ou des restes de plantes aquatiques.

Les petits amphipodes mexicains sont plus facilement capturés à l'aide d'une épuisette très fine et remis aux poissons pour être nourris.

Larves de moustiques

Les larves de moustiques constituent une excellente nourriture pour les poissons et les amphibiens. En outre, elles sont très saines et ne font pas grossir ! Vous pouvez choisir entre des larves de moustiques noires, rouges et blanches. Les larves de moustiques contiennent beaucoup d'eau (larves de moustiques noires 81%, larves de moustiques rouges 87% et larves de moustiques blanches 90%) et très peu de graisse.

Pour être honnête, il est rarement intéressant d'élever soi-même des larves de moustiques. S'il n'y a pas de magasin approprié à proximité, les larves de moustiques peuvent être commandées à domicile pour une somme assez faible. L'élevage est beaucoup plus complexe que par exemple l'élevage d'Artemia, de vers noirs etc.

Cependant, l'avantage de l'élevage à domicile est que vous avez le contrôle sur la provenance de la nourriture. Avec la nourriture achetée, vous courez toujours le risque d'introduire des parasites, des polluants ou d'autres agents pathogènes. Le contrôle de la source est donc la principale raison pour laquelle certains aquariophiles choisissent d'élever eux-mêmes les larves de moustiques.

Les moustiques pondent leurs œufs dans l'eau et les larves en sortent. Elles vivent à la surface de l'eau jusqu'à ce qu'elles deviennent des moustiques et s'envolent. Par conséquent, il est bien sûr difficile de les contrôler.

Une solution consiste à remplir d'eau un récipient tel qu'une baignoire en plastique et à le placer à l'extérieur pour que les moustiques puissent y pondre leurs œufs. Cependant, une autre option consiste à ramasser les larves de moustiques dans les barils de pluie ou autres récipients d'eau et à les placer dans un récipient d'eau à la maison.

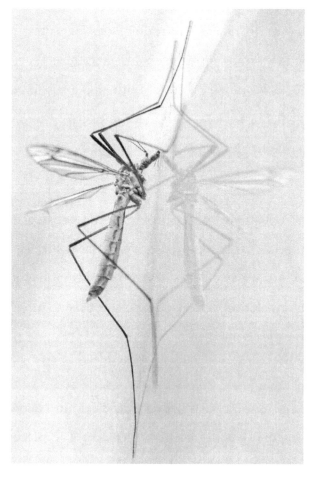

Mosquito de Zoran Dakovic (à partir de larves noires)

Pour se protéger, il est toutefois recommandé de couvrir nécessairement le récipient d'eau, afin de ne pas avoir soudainement la maison pleine de moustiques volants ! Le meilleur moyen d'y parvenir est un filet anti-insectes, mais aussi de vieux bas de soie ou autres, selon la taille et le besoin. Il faut bien sûr veiller à l'apport d'air.

Les larves de moustiques passent par quatre stades de développement pendant qu'elles vivent dans l'eau et avant de devenir des moustiques. Les poissons ne sont pas les seuls à se nourrir des larves de moustiques vivant à la surface de l'eau, mais aussi les oiseaux ou les amphibiens, par exemple.

Il est également important de savoir que seuls les moustiques qui se développent à partir de larves noires piquent les humains et sucent leur sang.

Les moustiques issus des larves blanches et rouges ne le font pas. Néanmoins, il existe un risque de provoquer des allergies même s'ils ne piquent pas.

Larves de moustiques blancs = Chaoboridae

Larves de moustiques rouges = Chironomidae

Larve de moustique noir = Culicidae

Les larves se nourrissent d'algues, de matières en suspension, de feuilles flottantes et de coquilles larvaires vides, par exemple. Il n'est donc pas nécessaire de les nourrir séparément.

Les larves de moustiques rouges sont particulièrement appréciées et savoureuses par les poissons et sont souvent bien acceptées. Elles sont disponibles toute l'année, bien qu'elles aient leur principale saison de reproduction en été.

Néanmoins, il existe également des types de moustiques rouges au début du printemps, au printemps et à l'automne, de sorte que ce n'est qu'au cours de l'hiver froid que les choses peuvent devenir un peu plus difficiles. Les larves de moustiques blancs sont généralement moins courantes dans la nature que les larves de moustiques rouges.

Moucheron non piqueur, mouche du lac ; par Kathy Büscher (à partir de larves rouges)

La planorbe des étangs

Le nom scientifique de la planorbe des étangs est "Planorbarius corneus". Leur habitat naturel dans la nature s'étend de l'Europe à la Sibérie orientale et ils atteignent une taille d'environ trois centimètres et demi (environ 1,4 pouce).

En aquariophilie, la planorbe des étangs est extrêmement populaire, aussi bien comme animal cohabitant pour les poissons paisibles que comme nourriture pour les poissons prédateurs. Toutefois, on constate que la planorbe des étangs européenne est lentement supplantée par la variante californienne et parente "Planorbella duryi", qui reste plus petite et est habituée aux régions plus chaudes.

Se trouvant même en Sibérie orientale, la planorbe des étangs est très insensible aux températures sous lesquelles elle vit. Elle est habituée à des températures comprises entre zéro et trente degrés Celsius (32-86°F) et est donc utilisée dans de nombreux types d'aquariums. Elle est également peu exigeante en ce qui concerne le pH de l'eau ; les valeurs de pH appropriées se situent entre six et neuf.

Dans les aquariums, la planorbe des étangs laisse généralement les plantes saines tranquilles, ce qui la rend également populaire, car elle se nourrit principalement de débris végétaux et d'algues, bien que, selon l'aquarium, elle accepte également les légumes ou la nourriture générale pour poissons.

La planorbe des étangs vit dans l'eau, mais peut respirer en dehors de celle-ci, car c'est un escargot pulmonaire.

Par conséquent, la planorbe des étangs vient régulièrement à la surface de l'eau pour reprendre son souffle.

Le taux de reproduction est principalement basé sur la quantité de nourriture disponible. Si l'approvisionnement en nourriture est important, la reproduction est extrêmement rapide.

L'escargot des étangs est un hermaphrodite, ce qui signifie qu'il peut et veut s'autoféconder, car il possède des cellules femelles et mâles. Ses œufs éclosent au bout de deux à quatre semaines environ. Cela dépend de la température ambiante. Parfois, il suffit de quelques jours pour qu'ils éclosent.

La vitesse à laquelle la planorbe des étangs se reproduit peut donc être merveilleusement contrôlée par l'homme, dans la mesure où celui-ci détermine la quantité de nourriture que les escargots reçoivent. Plus la nourriture est abondante, plus les escargots se reproduisent rapidement.

Le réservoir pour la planorbe des étangs doit contenir au moins vingt litres pour donner aux escargots suffisamment d'espace (au moins 4 gallons). La température de l'eau doit idéalement se situer entre 10°C et 25°C (50-77°F). Une température ambiante normale est donc suffisante et il n'est généralement pas nécessaire d'installer un chauffage supplémentaire ou autre.

L'eau doit avoir une dureté totale de 10-30°dH et une dureté carbonatée de 5-15°dGH. Le sable et/ou le gravier conviennent comme substrat. Pour un biotope naturel, il faut bien sûr quelques plantes aquatiques, qui peuvent être très insensibles et robustes, comme...

- Marimo / Boule de mousse (Aegagropila linnaei)
- Mousse de Java (Taxiphyllum barbiere ; anciennement : Vesicularia dubyana)
- Anubias
- Petite Ambulie (Limnophila sessiliflora)
- Fougère de Java (Microsorum pteropus)
- Vallisneria americana

La planorbe des étangs by Basuka

Tubifex

Les tubifex (plus connus sous le nom de Tubifex tubifex) sont des vers qui vivent au fond des lacs et des rivières d'eau douce. On les trouve dans les eaux du monde entier et ce sont des vers très fins de couleur rouge/rose. Les vers tubifex mesurent généralement entre un et six centimètres (0,4-2,4 pouces) de long. Certains atteignent même dix centimètres de long (4 pouces).

À l'état sauvage, les Tubifex vivent dans les fonds boueux où une grande quantité de matières organiques pénètre dans l'eau, et ils se nourrissent de matières organiques en décomposition. La couleur rouge/rose est due à une grande quantité d'hémoglobine dans le sang.

Les Tubifex achetés peuvent rester en vie jusqu'à deux mois s'ils sont conservés au réfrigérateur dans un récipient avec un peu d'eau, mais il est encore plus pratique de créer les conditions pour que les Tubifex puissent même se reproduire, fournissant ainsi une nourriture supplémentaire peu coûteuse.

Nous avons déjà parlé du fait que les Tubifex vivent dans des fonds spéciaux dans les eaux douces, il est donc important de recréer ce fond aussi bien que possible. Ce substrat peut être collecté dans la nature - mais il y a bien sûr le risque d'introduire des microbes et des agents pathogènes. C'est pourquoi la plupart des aquariophiles choisissent de mélanger eux-mêmes le substrat.

Les "principaux ingrédients" sont de la terre de jardin broyée en mousse sèche et une décoction de blé et de riz.

Faites bouillir un demi-litre de lait pendant 20 minutes, ajoutez une cuillère à café de blé et de riz.

L'infusion est ensuite conservée dans un endroit chaud afin que les bactéries dont se nourrissent les Tubifex puissent s'y former. Cela prend quelques jours.

L'amidon épais brassé est versé dans un seau (avec un tuyau) après quelques jours. Les Tubifex se rassemblent en une touffe épaisse au-dessus, tandis que l'amidon reste en dessous.

Les tubifex sont mis dans un filet ou simplement dans un bas de nylon, puis placés dans un récipient rempli d'eau fraîche sur un à deux centimètres (environ un demi-pouce).

On observe rapidement que les tubifex traversent le tissu du bas de nylon et se rassemblent autour de lui. Lorsqu'un petit récipient d'eau chaude est placé contre le bas nylon, les vers s'en éloignent pour éviter le danger de l'eau chaude. En règle générale, ils rampent ensuite dans l'eau fraîche et froide.

Les Tubifex doivent bien sûr être nettoyés avant d'être nourris. Pour les nettoyer également de l'intérieur, de nombreux aquariophiles utilisent du kéfir, que les Tubifex mangent et nettoient ainsi leurs intestins.

Si les Tubifex doivent être stockés, le stockage est assez simple, car il suffit d'un grand récipient plat avec un couvercle. Les Tubifex sont placés à l'intérieur, et un peu d'eau est ajoutée de façon que le fond soit à peine recouvert d'eau.

Le récipient est fermé et conservé dans un endroit froid, où la température ne dépasse pas 10°C (50°F). Le réfrigérateur convient à cet effet. À cet effet, le réfrigérateur convient par exemple, selon la région également une cave ou similaire.

Toutefois, le Tubifex doit être rincé régulièrement pour éliminer les impuretés - notamment les matières fécales !

Pour se multiplier vite et bien, les Tubifex ont besoin de températures froides - environ 3°C à 5°C de température d'eau (37-41°F).

Daphnies

Les puces d'eau constituent un excellent aliment vivant pour les poissons et sont également très faciles à cultiver soi-même. Vous pouvez également les acheter séchées et congelées, mais les puces d'eau vivantes sont les plus saines et les plus nutritives. En outre, vous pouvez bien sûr contrôler l'élevage lui-même et vous assurer ainsi qu'aucun polluant ne pénètre dans l'aquarium.

Les puces d'eau atteignent une taille d'environ un demi-centimètre (0,2 pouce) et se déplacent assez lentement, ce qui en fait de bonnes proies pour de nombreux types de poissons.

Lors de l'achat du premier lot de puces d'eau de reproduction, le nombre de puces d'eau mâles et femelles dans la colonie de départ importe peu. Les puces d'eau femelles n'ont pas besoin de mâles pour se reproduire.

Pour la reproduction, vous avez besoin d'un récipient grand et transparent. Qu'il s'agisse d'un vieil aquarium, d'un grand verre gradué, d'un vase à fleurs ou autre, cela n'a aucune importance. Il est toutefois conseillé de brancher une petite pompe à air pour que l'eau soit toujours en mouvement. Les puces d'eau se nourrissent principalement d'algues, vous devriez donc obtenir des algues flottantes au début de l'élevage.

Mais attention : des algues flottantes vertes et blanches peuvent se développer dans un aquarium. Cependant, les algues flottantes blanches ne sont pas de véritables algues, mais des bactéries.

Les algues flottantes vertes appartiennent à la famille des algues vertes et elles font prendre à l'eau une couleur verte. Il est assez facile de commander de la Chlorella vulgaris (algue flottante d'eau douce) sur Internet. Pour une bonne croissance, le récipient en verre doit être placé dans un endroit lumineux et, comme indiqué précédemment, bien ventilé. Il n'est pas nécessaire de chauffer le récipient.

Il est recommandé de placer les premiers puces d'eau dans un seau rempli d'eau avant l'élevage, puis d'attendre environ un quart d'heure. Ainsi, les puces d'eau mortes couleront au fond et les vivantes se colleront aux parois. Elles peuvent alors se déplacer vers le bac de reproduction.

Daphnia puce d'eau par Günter TeGy

La température de l'eau dans le bac de reproduction doit être supérieure à dix degrés Celsius (plus de 50°F), mais elle ne doit pas dépasser trente degrés Celsius (86°F).

Lorsque les puces d'eau se sont multipliées, il est possible de prendre même environ vingt pour cent de la population chaque jour et de l'utiliser pour nourrir les poissons sans que l'élevage en souffre, car les puces d'eau se multiplient très rapidement.

Il faut néanmoins veiller à ce qu'il n'y ait que des algues vertes dans l'aquarium - et pas d'algues bleu-vert. Si l'eau devient bleue, il faut absolument enlever les algues bleues-vertes pour que les puces d'eau ne meurent pas.

En outre, le bac de reproduction doit être protégé des moustiques afin que ceux-ci ne pondent pas leurs œufs dans l'eau. Les larves de moustiques aiment aussi se nourrir de puces d'eau et les mangent plus vite qu'elles ne peuvent se reproduire. C'est pourquoi un filet anti-insectes ou autre peut servir de protection.

Il faut également veiller à ce que les parois de l'aquarium ne soient pas entièrement recouvertes d'algues vertes. Sinon, plus aucune lumière ne pourrait pénétrer dans le récipient.

La reproduction peut être accélérée en ajoutant un peu de matière naturelle à l'eau - mais vraiment seulement un peu ! Le simple feuillage convient particulièrement bien à cet effet.

Un peu de farine de sang peut également favoriser la croissance et est utilisé comme engrais pour les algues vertes !

Une petite dose de lait ou un peu de levure peuvent également favoriser la croissance des algues.

L'écrémage des puces d'eau pour nourrir les poissons se fait le plus facilement avec une épuisette fine.

Cher lecteur ☺

Pour les auteurs indépendants, les évaluations de produits sont la base du succès d'un livre. Nous dépendons donc de vos évaluations. Cela n'aide pas seulement les auteurs, mais bien sûr aussi les futurs lecteurs et les animaux !

C'est pourquoi je vous serais extrêmement reconnaissant si vous pouviez me donner un petit commentaire sur ce livre. Merci beaucoup.

Je vous souhaite le meilleur, beaucoup de joie avec vos animaux et la meilleure santé possible ! 🖤

Avis juridique

Ce livre est protégé par le droit d'auteur. La reproduction par des tiers est interdite. L'utilisation ou la distribution par des tiers non autorisés sur tout support imprimé, audiovisuel, audio ou autre est interdite. Tous les droits appartiennent exclusivement à l'auteur.

Auteur : Alina Daria Djavidrad

Contact : Wahlerstr. 1, 40472 Düsseldorf, Allemagne

© 2022 Alina Daria Djavidrad

1ère édition (2022)

Espace pour les notes

Printed in France by Amazon
Brétigny-sur-Orge, FR